AF316925

OBSERVATIONS

SUR LE MÉMOIRE

DE M. LE GÉNÉRAL DONNADIEU.

IMPRIMERIE DE FAIN, PLACE DE L'ODÉON, N°. 4.

OBSERVATIONS

SUR LE MÉMOIRE

DE M. LE GÉNÉRAL DONNADIEU,

PAR M. A. CHOPPIN D'ARNOUVILLE,

MAITRE DES REQUÊTES, ANCIEN PRÉFET DE L'ISÈRE,
EX-PRÉFET DU DOUBS.

A PARIS,

CHEZ DELAUNAY, LIBRAIRE, PALAIS-ROYAL,
GALERIE DE BOIS, N°. 243.

1820.

OBSERVATIONS

SUR LE MÉMOIRE

DE M. LE GÉNÉRAL DONNADIEU.

Monsieur le lieutenant-général vicomte Donnadieu, en donnant la plus grande publicité au mémoire qui ne devait servir qu'à éclairer la cour royale sur la plainte en calomnie par lui portée contre quelques habitans de l'Isère, s'est soumis au jugement de l'opinion publique, et, dès lors, il a dû s'attendre que, si ses assertions offraient des erreurs notoires et des faits controuvés, il se rencontrerait des hommes assez instruits des choses, assez amis de la justice, pour s'inscrire en faux et reproduire la vérité dans tout son éclat.

Ce mémoire, disons mieux, cette brillante apologie du caractère et de la conduite du lieutenant-général, et en même temps, ce libelle diffamatoire contre M. le duc Decazes, parle fort peu des hommes que M. Donnadieu poursuit en calomnie ; et, tandis qu'il ne devrait traiter que d'une seule époque, il s'étend sur une longue série d'événemens, dont plusieurs sont étrangers à l'Isère , et semble avoir pour but bien moins encore de faire rétablir M. le lieutenant-général dans ses honneurs et dignités , que d'entraîner le gouvernement dans je ne sais quel système politique , diamétralement contraire aux vœux et aux intérêts de la nation , et par conséquent à la ferme volonté royale , tant de fois et si hautement manifestée.

Je ne m'appliquerai pas aujourd'hui à réfuter l'ensemble de ce mémoire. Je travaille à recueillir de nouveaux documens, et j'espère pouvoir donner bientôt des explications claires et précises sur les déplorables événemens de l'Isère , et sur l'influence que leur souvenir a exercée depuis dans cette contrée si calomniée. Dans cet écrit, je ne me livrerai à aucune déclamation , je dirai les choses avec simplicité , et je les appuierai sur des témoignages irrécusables. La raison publique est trop avancée pour se laisser séduire par de vaines paroles, elle ne se rend qu'à l'évidence des faits et à l'autorité des pièces justificatives.

Je mè bornerai pour le moment à faire connaître l'agent secret, le confident de M. le vicomte Donnadieu, le sieur Bonaffoux, afin que le public, éclairé sur le degré de confiance que mérite ce personnage, juge ce qu'il doit penser de celui qui ne rougit pas d'invoquer un témoignage si méprisable.

Peut-être aussi cette rapide narration jettera-t-elle quelque lumière sur les honteux moyens que pourraient mettre en pratique des ambitieux subalternes pour exciter sourdement le peuple à la rébellion, et se faire ensuite un mérite auprès du gouvernement abusé, de la répression de complots dont il leur deviendrait d'autant plus facile d'arrêter les effets, que leurs affidés en auraient été les premiers instigateurs. Telle est la déplorable condition des gouvernemens dans les temps de partis, de ne savoir dans quelles mains ils déposent leur confiance !

Ce sieur Bonaffoux, qui tour à tour a servi et trahi son maître, a donc enfin obtenu sa grâce de lui, et à quelles conditions ? Il a dû faire une déclaration devant M. le Préfet de police, dont on fait usage contre le Ministre, M. le maréchal duc de Raguse, et moi.

Cette déclaration était certainement forcée et dictée d'avance ; car celui qui la faisait, doué d'une bonne mémoire, savait très-bien qu'elle était fausse en tous points.

Le sieur Bonaffoux qui, en 1817, était employé par M. le lieutenant-général Donnadieu, et qu'on retrouve encore avec le même emploi en 1820, était capitaine dans le 53e. régiment de ligne ; arrivé à Grenoble au mois de novembre 1816, il paraît que, dès son arrivée, ou bien peu de temps après, il entra au service de M. le lieutenant-général Donnadieu. D'après ses déclarations, son emploi consistait à surveiller les officiers à demi-solde et à faire de faux rapports au grand-prevôt et au commissaire général de police sur de prétendus complots dans lesquels se trouvaient compris quelques officiers peut-être mécontens mais qui ne songeaient nullement à troubler l'ordre public, et même des hommes très-recommanbles.

C'est en effet le 17 juin 1817 que monsieur le lieutenant - général Donnadieu envoya le sieur Bonaffoux au lieutenant-général Canuel ; il fut porteur d'une permission pour aller à Lyon (*), et d'une lettre pour monsieur le gé-

---

(*) Il était en outre porteur d'une lettre de recommandation pour les autorités militaires, que lui avait donnée M. Muller, colonel de la légion de l'Ardèche ; cette lettre, qu'il m'a remise et que j'ai adressée au ministère, porte une empreinte fort large à lacération, dont je n'ai pu découvrir le sens ; interrogé par moi sur l'explication de cette énigme, Bonaffoux me répondit : « Le colonel Muller me l'a remise lui-

néral Canuel avec recommandation de ne la remettre que la nuit. Cette lettre portait qu'il pouvait entièrement compter sur Bonaffoux, que c'était un homme tout dévoué.

Quels services rendit-il dans cette mission ?

Écoutons d'abord monsieur Couture avocat de monsieur le lieutenant-général Canuel, dans son plaidoyer du 18 octobre 1818.

« Bonaffoux : envoyé par le général Donna-
» dieu au général Canuel pour donner à ce-
» lui-ci des renseignemens certains sur les
» communications qui existaient entre les
» officiers à demi-solde de l'Isère et ceux du
» Rhône, réclama pour sa subsistance une
» première indemnité. Monsieur Canuel lui fit
» avancer 50 francs; mais bientôt s'étant aper-
» çu que cet homme n'était qu'un *intrigant*,
» il le renvoya. »

Nous verrons plus loin d'après les déclara-tions du sieur Bonaffoux ce qu'il fit à Lyon pendant les quinze jours qu'il y resta; il est de la plus grande importance que je fasse

---

» même ; il a appliqué cette empreinte comme on ap-
» plique un cachet, en me disant: Voyez bien cela, vous
» êtes des nôtres, vous me jurez d'être fidèle au général
» Donnadieu. »

connaître par quel moyen le sieur Bonaffoux s'introduisit près de moi.

Cet homme reconnu pour un intrigant par monsieur le général Canuel ou présenté comme tel dix-huit mois après sa mission, revint à Grenoble reprendre ses fonctions auprès de monsieur le lieutenant-général Donnadieu , qui le jugeait peut-être aussi comme un intrigant, mais un intrigant dont on pouvait tirer parti.

Je n'arrivai à Grenoble que le 6 septembre, je ne pouvais guères le 25 du même mois connaître le sieur Bonaffoux ; et certainement je ne l'aurais découvert que bien plus tard, si monsieur le général Donnadieu ne l'eût introduit lui-même auprès de moi , vraisemblablement pour lui faire jouer à la préfecture, le même rôle qu'au commissariat général de police. Ce fut donc le 19 septembre , c'est-à-dire , treize jours après mon installation que le sieur Bonaffoux se présenta chez moi, muni d'une lettre (1) signée de monsieur le général Donnadieu et de sa pétition (11) à l'effet d'obtenir une perception. Cette lettre insérée dans les pièces justificatives est loin de présenter le sieur Bonaffoux comme *un intrigant que monsieur le général Canuel renvoya de Lyon.*

J'étais et je devais être en grande défiance ;

cette recommandation me frappa ; je concevais difficilement comment cet officier à demi-solde avait pu rendre des *services particuliers à la cause du Roi*, ou plutôt j'entrevoyais la nature de ces services ; je lui dis de revenir le surlendemain. Entre ces deux visites, je parlai du sieur Bonaffoux à M. Blondeau, commissaire-général de police, et j'appris de lui quels étaient les services qu'il rendait.

Le sieur Bonaffoux fut exact à revenir chez moi ; la perception qu'il sollicitait l'occupa peu ; il me parla de ses anciens services, du mécontentement qu'il éprouvait, de son peu de confiance dans les promesses du général Donnadieu, de celle qu'il aurait en moi, des services qu'il me rendrait peut-être lui-même ; enfin, il s'ouvrit assez pour me faire concevoir l'espérance que je pourrais, par lui, découvrir la vérité sur des circonstances fort extraordinaires, et sur les révélations qu'il avait faites au grand-prevôt et au commissaire-général de police, et dont celui-ci m'avait entretenu la veille avec détail. Cependant je ne lui donnai rendez-vous que pour le 25 : je désirais être bien instruit sur les objets que je traiterais avec lui. Il est donc faux que le sieur Bonaffoux ait été mandé à la préfecture, puisque M. le général Donnadieu fut lui-même son introducteur.

Le 25 septembre, le sieur Bonaffoux se rendit dans mon cabinet, à huit heures du soir ; il y resta jusqu'à onze heures. Je lui fis une série de questions posées sur des feuilles volantes, sur les révélations qu'il avait faites précédemment, relativement aux affaires de Lyon et aux réunions, à Grenoble, de quelques officiers à demi-solde, et j'écrivais les réponses au fur et à mesure ; nous en faisions la lecture après, et il y retranchait ou y ajoutait ce qui lui paraissait convenable. Lorsqu'une feuille était remplie, il la relisait, y changeait encore quelque chose, contre-signait les renvois, et datait et signait la feuille : les dates écrites de sa main portent le 25 septembre.

C'est ainsi que furent remplies cinq feuilles au recto seulement, ce jour 25 septembre.

Le lendemain le sieur Bonaffoux revint à la même heure ; je lui fis sentir combien de tergiversations, de contradictions , d'invraisemblances étaient renfermées dans les réponses qu'il m'avait faites la veille, je lui dis que j'attendais de lui une entière franchise.

Il s'abandonna en effet entièrement, et me dévoila tous les faits dont sa déclaration du 23 octobre est un résumé.

Les questions et ses réponses dans cette seconde conférence remplissent deux feuilles volantes au recto et au verso ; elles sont ainsi que celles du jour précédent paraphées, datées et signées par lui.

On verra facilement d'après ce qui précède quelle est l'insigne fausseté de la déclaration qu'on a fait faire au sieur Bonaffoux, *dans ces derniers temps, et en présence de témoins,* à M. le Préfet de police.

On la reconnaîtra bien davantage encore cette insigne fausseté si l'on suit le sieur Bonaffoux jusqu'à son départ de Grenoble le 23 octobre au soir, c'est-à-dire près d'un mois après les déclarations qu'il avait faites ; dans cet intervalle, il vint me voir plusieurs fois et toujours le soir, et il me confirma tout ce qu'il m'avait précédemment déclaré et me donna connaissance des discours qu'il était chargé de tenir au commissaire-général de police et à moi ; la plupart du temps, c'était de prétendus complots, des dénonciations, des réunions clandestines, etc., etc.

Le 19 octobre au soir, le sieur Bonaffoux vint me déclarer que M. le général Donnadieu l'avait envoyé chercher le même soir et qu'il lui avait dit avec émotion et du ton le plus affectueux : « M. le maréchal duc de Raguse arrive » ce soir, je compte sur votre parole, mon

» cher ami, jurez moi d'être de la plus grande
» discrétion, et de m'être fidèle. »

Le 20 octobre, il me remit, et entièrement de son écriture, un récit de tout ce qui s'était passé à Lyon pendant le séjour qu'il y avait fait; ce récit présente avec plus d'ordre une partie des réponses aux questions que je lui avais faites les 25 et 26 septembre (III).

Enfin le sieur Bonaffoux me témoigna le désir de voir M. le maréchal duc de Raguse, qui se trouvait alors à Grenoble. Je pris les ordres de M. le maréchal; l'audience fut accordée et fixée au 21, à quatre heures après midi. Son Excellence le questionna avec bonté pendant deux heures sur toutes les révélations qu'il avait faites, et il les confirma avec assurance. Il me rendit, en présence de M. le Maréchal, sa déclaration de la veille, dont il est parlé plus haut; je la lui avais rendue, pour qu'il fît de nouvelles réflexions.

La position du sieur Bonaffoux n'était pas tenable; ses camarades étaient dans une défiance telle, qu'il craignait les effets de leur colère. Le général Donnadieu se défiait aussi de lui; enfin il était tourmenté pour des dettes qu'il avait contractées (*) : déjà il m'avait fait part

---

(*) Comment cet homme qui, le 19 septembre, m'é-

plusieurs fois de son dessein de quitter Grenoble ; il y tint plus fortement après le départ de M. le Maréchal, et me demanda les moyens de partir et une recommandation. Je lui accordai l'un et l'autre : je pouvais raisonnablement espérer qu'il serait utile à M. le Maréchal pour la découverte de quelques individus impliqués dans l'affaire du 8 juin. Il est faux qu'il monta en voiture devant l'hôtel de la préfecture ; il partit à pied.

Le jour de son départ, le sieur Bonaffoux vint me voir dans la matinée. Je lui demandai encore s'il avait parlé avec sincérité dans ses révélations, et il me jura de nouveau qu'il m'avait dit la vérité, et qu'il allait, si je le voulais, me donner une nouvelle déclaration. C'est alors qu'il écrivit lui-même cette déclaration (IV); dont il a été fait mention dans le procès entre M. le général Canuel et MM. Fabvier et Saineville (*).

---

crivait que les fonds de son cautionnement étaient prêts, se trouvait-il en effet criblé de dettes un mois après ?

(*) Que peut avoir de commun cette déclaration avec les événemens du 4 mai 1816 ? j'ai pu, j'ai dû être instruit de ce qui se passait à Grenoble en 1817, et ne pas avoir des notions bien exactes sur les affaires de Grenoble, du 4 mai 1816.

C'est ainsi que je réponds à la note insérée dans le mémoire de M. le général Donnadieu, page 18, in-4°.

Dans tout ce qui précède je n'ai été que narrateur fidèle des faits : toutes les pièces justificatives sont entre mes mains ; je n'ai pas prétendu, malgré quelques conjectures qui paraissent probables, me porter garant des dépositions du sieur Bonaffoux ; le public tirera lui-même les conséquences qui résultent d'une foule de circonstances dont chacune peut donner matière à de tristes et sévères réflexions.

Je m'abstiendrai donc de prononcer. Mon unique objet, en prenant la plume, a été de faire apprécier ce que prouvent les déclarations du sieur Bonaffoux en faveur de M. le lieutenant-général vicomte Donnadieu. Il est bien permis, ce me semble, de lire avec méfiance l'apologie d'un homme qui produit pour sa défense le témoignage d'un pareil confident. Il est permis aussi de croire que lorsqu'une partie de l'apologie est frappée d'une si honteuse défaveur, les autres ne sont point à l'abri de la critique.

Nous ne trouvons pas mauvais que M. le lieutenant-général se fasse prodiguer des éloges par un complaisant défenseur, et nous espérons que l'on ne trouvera pas mauvais aussi que nous en pensions ce qu'il nous plaira ; mais nous ne pouvons admettre des principes politiques aussi contraires aux intérêts nationaux, et nous nous élèverons avec force contre des accusations qui n'ont pas d'autre fondement que la haine des accusateurs. Instruits par l'exemple des faits que nous venons de rectifier, les bons esprits s'abstiendront sans doute de prononcer sur l'ensemble du mémoire de M. le lieutenant-général Donnadieu, jusqu'à ce que de nouveaux éclaircissemens leur soient présentés.

Au moment où je termine cet écrit, l'idée qui me préoccupait dès les premières lignes se représente encore à mon esprit. D'où vient que M. Donnadien, au lieu d'attaquer uniquement MM. Rey, Cazenave et Regnier, qui lui ont fourni le prétexte de sa poursuite en calomnie, détourne ses coups pour les diriger sur M. le duc De Cazes? Le motif n'en est que trop évident, c'est le même qui a dicté l'accusation monstrueuse du sieur de Coussergues, contre le dernier président du ministère ; c'est le même qui anime vingt libellistes occupés sans cesse à préparer dans l'ombre les poisons de nouvelles calomnies ; c'est le même qui salit chaque jour les feuilles vendues à la faction ennemie de l'indépendance et de la gloire nationales. M. De Cazes, malgré quelques torts apparens que pourrait expliquer une position difficile, a rendu de trop éminens services à la France constitutionnelle pour n'être pas l'objet de la haine furieuse de cette faction insensée. Elle veut voir en lui l'unique obstacle à son triomphe ; elle a semblé menacer ses jours quand il était au pouvoir, elle a osé davantage, elle a eu l'audacieuse lâcheté de lui imputer un horrible assassinat, sachant bien cependant que s'il lui eût été possible, il eût racheté au prix de tout son sang, la vie de la royale victime. Elle a réussi à l'éloigner des conseils du monarque, et elle n'est point satisfaite, elle le poursuit de sa haine implacable jusque sur une terre étrangère ; il n'est rien qu'elle ne tente pour rendre son exil éternel. Stupide aveuglement d'un vindicatif orgueil qui se flatte d'anéantir, par un seul coup, les utiles et glorieux résultats d'une immense révolution sociale, fille du temps et de la raison !

PIÈCES JUSTIFICATIVES.

(1)   *Grenoble, le 19 septembre 1817.*

MONSIEUR LE PRÉFET,

M. le capitaine Bonaffoux désire ma recommandation auprès de vous, pour obtenir une place de Percepteur des contributions. Je dois à la justice de déclarer, en faveur de cet officier, qu'il a rendu ici des services par un dévouement particulier à la cause du roi. Si vous pouvez, monsieur le préfet, lui accorder la place qu'il demande, je crois qu'il s'en rendra digne, et que vous n'aurez qu'à vous louer de sa conduite.

Agréez, Monsieur le Préfet, l'assurance de la parfaite considération, avec laquelle j'ai l'honneur d'être

Votre très-humble et très-obéissant serviteur,

Signé Vicomte DONNADIEU.

(11)

BONNAFOUS (Jean), *capitaine en demi-solde,*

A MONSIEUR LE PRÉFET DE L'ISÈRE.

MONSIEUR LE PRÉFET,

Les services signalés que je n'ai cessé de rendre au prince légitime, les preuves d'un dévouement sans bornes que j'ai données à MM. les généraux Donnadieu et

Canuel, tout me fait espérer le succès de la demande que je vais vous faire.

Fils d'un chevalier français, dont la famille fut victime des désastres sanglans de la révolution, je ne saurais mieux m'adresser qu'à vous, dont la bonté paternelle et équitable éprouve tant de jouissances à protéger le mérite, plaindre l'infortune, et à former à S. M. des sujets dont le dévouement incorruptible soit à toute épreuve. Je vous supplie donc, monsieur le préfet, de me faire obtenir la perception du Moneties de Clermont, que pourraient m'avoir justement méritée certains faits, sur lesquels, j'en suis persuadé, MM. les généraux ci-dessus se plairaient à donner en ma faveur le plus avantageux témoignage.

En vous intéressant à mon sort, ce n'est pas par des paroles qui n'expriment qu'à demi les sentimens de l'âme, que je chercherais à vous témoigner mon entière reconnaissance. Je vous prie de croire que rien ne me serait à obstacle, lorsqu'il s'agirait de vous donner par des actions réitérées la certitude d'un attachement inviolable à la cause légitime.

Comptant autant sur votre générosité que sur votre équité,

Je vous prie d'agréer,

Monsieur le Préfet,

L'assurance des sentimens de respect et de reconnaissance les plus distingués

De votre très-humble et très-obéissant serviteur,

Bonaffoux, *capitaine.*

20 *septembre* 1817.

P.S. J'ai l'honneur de vous observer que les fonds pour le cautionnement sont prêts.

(III)

À mon arrivée à Lyon , le 18 juin , je fus trouver le commandant Chauvaux, en demi-solde, qui me combla d'honnêtetés, et, après nous être entretenus long-temps des affaires politiques , il m'invita à dîner pour le lendemain à l'hôtel du Nord , où nous nous réunîmes avec trois ou quatre frères, et où nous continuâmes à faire mention de la trahison qui venait d'être faite , et qui avait fait échouer la conspiration. Quelques jours après je fus avec Chauvaux au même endroit, à neuf heures du soir ; ce fut ce jour où je fis la connaissance du nommé Jacquet , travaillant en soie, de qui j'avais entendu parler par mes camarades ; il avait été officier de corps francs. Le dernier paraît être âgé de vingt-six à vingt-huit ans , ayant une physionomie assez brusque et décidée, un front ordinaire, yeux presque gris , nez épaté, figure un peu maigre , sans moustaches , des mains un peu sèches, taille de cinq pieds trois pouces. Dans notre délibération , ce fut lui qui proposa le premier de créer un comité secret qui punirait le premier traître qui violerait son serment; que, tant qu'on ne prendrait pas ce parti, la trame la plus secrète serait toujours découverte par l'intrigue et les précautions que prend le gouvernement, en cherchant à gagner par de l'argent ceux qui sont initiés dans le secret des frères , etc. Il proposa ensuite que , si le 15, ainsi qu'il avait été convenu , on recommençait de nouvelles tentatives , il fallait qu'un des frères des plus adroits et des plus instruits, fût d'avance préparer les paysans sur la route de Paris, sonder ceux sur lesquels on pourrait le plus compter, afin d'en faire un choix , ensuite faire sonner le tocsin, et les faire de suite agir sans leur donner le temps de la réflexion, etc. Son projet ayant été approuvé, il fit de grandes promesses, en disant qu'il n'engagerait que des personnes secrètes, riches et de la plus grande discrétion; il promit même de pénétrer les précautions de la police, afin de prévenir les frères de quelle manière elles étaient projetées ; il se fit fort aussi de pénétrer le secret des agens de police, en se confiant à eux , et en leur plaidant le faux pour savoir le vrai , afin de savoir à quoi s'en tenir. Mais je pense et je suis sûr qu'il n'était pas dans le cas, et qu'il n'a pas même cherché à mettre son dernier projet à exécution ; je soutiens même qu'il n'avait aucune liaison avec les agens de police , mais bien avec le général Canuel où il allait à 11 heures du soir, et avec qui il paraissait être lié , puisqu'il entrait chez lui sans frapper ; et ce n'a été que dans les derniers momens de mon séjour à Lyon, que je me suis aperçu de sa liaison avec le général , qui paraissait être secrète , puisqu'il se cachait et se déguisait.

Ensuite , des seconds membres de la réunion était un nommé Moulin , conducteur des diligences, qui paraissait être lié avec le capitaine Oudin et autres , qui formaient la société dont j'ignore le nom. Ce Moulin est d'une taille ordinaire , ayant le front bas, des yeux un peu enfoncés , un nez aquilin , figure ronde. Ce dernier cherchait à se lier avec les frères ; c'est toujours lui qui annonçait les nouvelles , et en savait toujours, telles que dans la nuit il était arrivé chez le général Canuel une estafette pressée de Paris, annonçant qu'à Saint-Just l'insurrection augmentait de jour en jour, et que le nombre devenait de plus en plus fort ; que, malgré que la garde nationale fût à leur poursuite , ils persistaient dans leurs projets; qu'il était indigne de la part des

Français, de les laisser périr sans aller à leur secours ; qu'il n'y avait encore rien de perdu, qu'il ne fallait pas se décourager, qu'il fallait marcher , et donner encore un coup de collier. Ce dernier allait aussi, et même plus souvent que Jacquet, chez le général Canuel, car il parlait trop librement, et n'avait aucune crainte de se compromettre , et disait aussi qu'il fallait profiter du moment de l'augmentation des grains , où le paysan, pressé par la faim , le désespoir s'emparerait de lui, et il serait plus facile à conduire, et à lui prouver que le roi le faisait mourir de faim , etc.... Le nommé Brunel, capitaine (à ce qu'il disait), faisait aussi partie de la société ; il était de la taille de cinq pieds quatre pouces environ, un front timoré , des yeux noirs, nez gros, bouche moyenne, sans moustaches, menton rond, physionomie pensive ; il jasait peu, et cherchait plutôt à pénétrer la pensée des autres ; il avait l'air d'approuver le projet de Jacquet ; mais il faisait des observations telles , qu'il existait des hommes si peu délicats, qu'il craignait qu'il y eût des faux frères ; que, pour se sacrifier de nouveau , il fallait être sûr de ne marcher que sur du terrein solide.

Le commandant Chauvaux avait la confiance de tous les frères. Il est d'une taille moyenne, d'un beau blond, front découvert , yeux bien gris , assez bien fait, figure pleine, menton rond, physionomie distinguée, ayant un coup de sabre et même plusieurs sur la tempe gauche, âgé d'environ trente-six à quarante ans ; il n'a pas beaucoup de moyens mais il est guerrier ; il était toujours de l'avis des autres et les engageait à se montrer ; qu'il fallait mourir , plutôt que d'être avilis comme l'étaient les officiers français ; il n'a pour lui que la bravoure , et ne connaît aucun danger , car il allait dans les campagnes habillé en pêcheur , avec une ligne , pour pénétrer la façon de penser des paysans , et nous rapportait ensuite dans nos réunions les villages sur lesquels on pourrait compter. Il demeure aux Bretaux , vis-à-vis la grande allée et tout près du bois de Cocagne. Dans les réunions assez fréquentes où je me suis trouvé , et qui avaient lieu à l'hôtel du Nord , ou au café de la Perle , nous nous entretenions sans cesse de trouver un moyen pour renouer les affaires , etc. Je fréquentais aussi des sociétés bourgeoises qui se réunissaient chez un traiteur d'une grosseur énorme et d'une taille de cinq pieds cinq pouces , demeurant sur la petite place de la Boucherie–des–Terreaux , à côté de la Matteru. J'y fus introduit par un nommé Trouillie , entrepreneur des plaisirs du bois de Cocagne , demeurant aux Breteaux , j'y fus annoncé et reçu comme frère , au point qu'ils se confiaient entièrement à moi ; leur conversation ordinaire était de chercher à s'intriguer ; comme on avait eu la maladresse de mettre à la tête de cette affaire des traîtres qu'on avait séduits par de l'argent , qu'il fallait faire un exemple et s'en débarrasser ; les autres disaient qu'il fallait les mépriser , que ce n'était pas fini , qu'ils s'en mordraient les doigts un jour , que chacun aurait bien son tour , et qu'il était de toute impossibilité que l'état des choses pût exister ainsi , etc. Il me fut confié qu'un nommé Ducamp était dépositaire de la somme de 1,500,000 f. , et qu'aussitôt l'affaire commencée, il était chargé de les distribuer pour encourager les troupes. Il paraît que ces messieurs avaient une correspondance secrète avec des personnes de Paris , car ils paraissaient être inquiets et ne cessaient de dire : il n'y a rien à la poste. Un matin à déjeûner, ils convinrent d'envoyer un frère à Paris. Un nommé Bousquet, négociant, d'une taille de cinq pieds quatre pouces, blond et bourgeonné, ayant un nez gros et mal fait, fut choisi, et partit en effet peu de jours après. D'après les promesses réitérées du général Canuel, chez qui j'allais d'un jour à l'autre, et croyant être le seul à qui il se confiât, je m'empressai d'aller le prévenir du départ de ce Bousquet; il parut très-étonné, même plus que les autres jours; il me remercia beaucoup et ne cessant de me promettre ma place d'activité, en me priant de prolonger mon séjour; qu'il aurait soin de moi, etc. Je restai quinze jours, et pendant ce temps je cherchai à le contenter, au point que tous les deux jours à onze heures et minuit, j'allais lui rendre compte de ce qui s'était passé. Bien souvent il savait mieux que moi ce qu'avaient dit mes camarades, chose qui m'étonnait très-fort, surtout prenant nos précautions comme nous faisions afin de n'être vus ni entendus de personne, et je conservai cependant mon étonnement sans rien dire jusqu'aux derniers jours, où je reconnus chez lui Jacquet, pendant deux fois, qui sortit précipitamment incognito en cherchant à se soustraire à ma vue, un autre jour Chauvaux qui se glissa dans l'appartement de son chef d'état major, dès qu'il m'aperçut. N'ayant jamais avoué le motif de ma visite à Chauvaux, chez le général, je lui dis le lendemain que j'avais été chez lui pour le prier de me prolonger ma permission afin de pouvoir me trouver à la partie que nous avions projetée avec les frères. Chauvaux me répondit alors qu'il m'offrait sa protection auprès du général. Je le remerciai et fus encore surpris de cet acte de générosité de sa part en voulant s'employer auprès d'une personne de qui ils avaient vomi lui et Jacquet des horreurs la veille ; je vis bien qu'il y avait du grabuge et parvins à découvrir, d'après de bons renseignemens qu'un vrai ami me donna , que Chauvaux , Moulin et Jacquet étaient tous les trois, et chacun croyant être seul , les instigateurs du général Canuel , et que nous étions leurs dupes. Feignant cependant de tout ignorer , je les traitais toujours avec la même bonté d'âme , et les écoutais former des projets , au point que les premiers jours de juillet , époque à laquelle je m'en revins à Grenoble, ils vinrent m'accompagner , Jacquet, Chauvaux , Brunel et deux autres dont j'ignore les noms , jusqu'au pont levis de la Guillotière, et, en nous quittant, ils me chargèrent de faire des complimens , etc. , aux frères de Grenoble, et finirent par me dire que nous ne souffririons plus long-temps , que chacun aurait bien son tour. Je n'ignorais pas non plus que Jacquet craignait et restait caché et incognito , à Lyon ; on me l'assura , et je m'en aperçus par son habillement grossier.

Signé BONAFFOUX.

Grenoble , le 20 octobre 1817.

Chauvaux était chef de bataillon dans le 53°. régiment où moi-même j'ai été capitaine à l'armée de la Loire.

Un officier dont j'ignore le nom influe dans les réunions , dont le front est découvert , sourcils noirs ; yeux presque pleureurs , marqué de la petite vérole , nez épaté et gros , cheveux noirs et un peu frisés , taille ordinaire.

(iv)

Je soussigné, avant de partir de Grenoble, affirme de nouveau, et jure sur l'honneur, avoir dit la vérité toute entière à monsieur le maître des requêtes, préfet de l'Isère, les 25 et 26 septembre dernier, principalement, sur le fait de l'instigation des généraux Canuel et Donnadieu, pour porter les mécontens à se soulever contre le gouvernement, ainsi que sur l'empire que le général Donnadieu avait pris sur moi, au point de me dicter tous les rapports que je faisais à M. Blondeau. (*)

J'affirme et jure de même que depuis cette époque, je ne me suis pas écarté de la vérité dans tout ce que j'ai dit à monsieur le préfet de l'Isère, et notamment dans la déclaration que je lui ait faite par écrit le 20 octobre, sur ce que j'ai vu pendant mon séjour à Lyon, et qu'en remettant cette note en présence de monsieur le maréchal duc de Raguse, j'ai répondu avec vérité à toutes les questions qui m'ont été faites par son excellence.

A Grenoble, le 23 octobre 1817.

Signé BONAFFOUX.

(*) Commissaire-général de police.